¿De dónde viene?

De la cera al crayón

por Avery Toolen

T0015117

Bullfrog
en español

Ideas para padres y maestros

Bullfrog Books permite a los niños practicar la lectura de textos informativos desde el nivel principiante. Las repeticiones, palabras conocidas y descripciones en las imágenes ayudan a los lectores principiantes.

Antes de leer
- Hablen acerca de las fotografías. ¿Qué representan para ellos?
- Consulten juntos el glosario de las fotografías. Lean las palabras y hablen de ellas.

Durante la lectura
- Hojeen el libro y observen las fotografías. Deje que el niño haga preguntas. Muestre las descripciones en las imágenes.
- Léale el libro al niño o deje que él o ella lo lea independientemente.

Después de leer
- Anime al niño para que piense más. Pregúntele: ¿Sabías que los crayones están hechos de cera? ¿Te has preguntado alguna vez cómo se hacen los crayones?

Bullfrog Books are published by Jump!
5357 Penn Avenue South
Minneapolis, MN 55419
www.jumplibrary.com

Library of Congress Cataloging-in-Publication Data

Names: Toolen, Avery, author.
Title: De la cera al crayón / por Avery Toolen.
Other titles: From wax to crayon. Spanish
Description: Minneapolis: Jump!, Inc., [2022]
Series: ¿De dónde viene?
Translation of: From wax to crayon.
Audience: Ages 5–8 | Audience: Grades K–1
Identifiers: LCCN 2021004091 (print)
LCCN 2021004092 (ebook)
ISBN 9781636901565 (hardcover)
ISBN 9781636901572 (paperback)
ISBN 9781636901589 (ebook)
Subjects: LCSH: Crayons—Juvenile literature.
Paraffin wax—Juvenile literature. | Manufacturing processes—Juvenile literature.
Classification: LCC TS1268 .T6618 2022 (print)
LCC TS1268 (ebook) | DDC 665.5/385—dc23

Editor: Eliza Leahy
Designer: Michelle Sonnek
Translator: Annette Granat

Photo Credits: matin/Shutterstock, cover (left); Lucie Lang/Shutterstock, cover (right), 24; RRandall/Shutterstock, 1; Studio DMM Photography/Shutterstock, 3; Sensasi/Shutterstock, 4; Chris So/Getty, 5, 23tl; Bloomberg/Getty, 6–7, 22tl, 23br; William Thomas Cain/Getty, 8–9, 10, 14–15, 16, 22tr, 22br, 23bl; GotziLA STOCK/Shutterstock, 11; Holly Kuchera/Shutterstock, 12–13, 22mr, 23tr; Stacey Newman/Shutterstock, 17; calimedia/Shutterstock, 18–19, 22bl; iStock, 20–21, 22ml.

Printed in the United States of America at Corporate Graphics in North Mankato, Minnesota.

Tabla de contenido

Muchos colores

Carlos dibuja con crayones.

¿De dónde vienen estos?

¡De la cera!

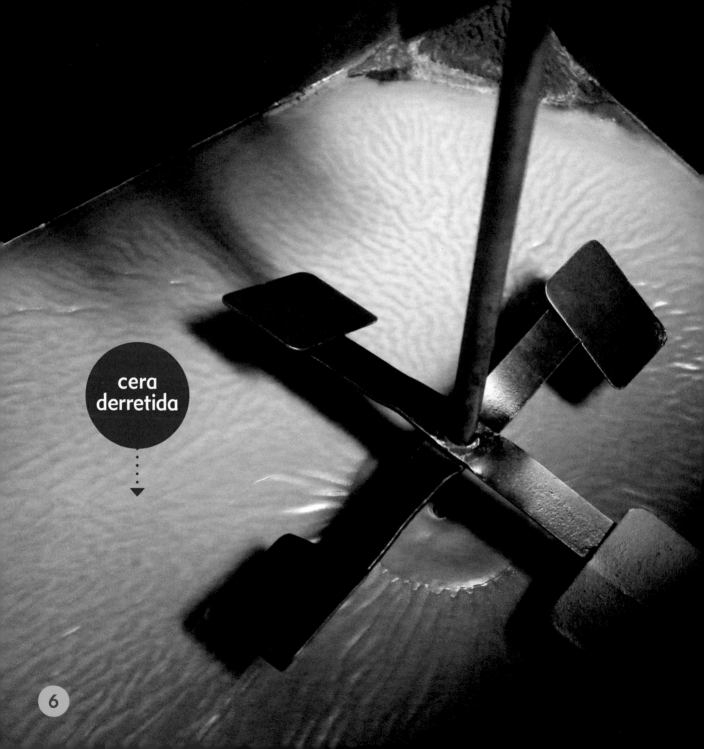

cera
derretida

La cera se derrite. Esta se convierte en líquido.

Se le añade
el polvo.

Esto le da color
a la cera.

polvo
coloreado

La cera va en moldes.

Estos le dan forma
a cada crayón.

molde

La cera se endurece.

Una máquina le añade etiquetas. ¿Por qué? Estas son para saber el color.

etiqueta

GRE
FOREST G
LE GREEN
GREEN YE
TURQUOIS
BLU
BLUE GR
VIOL
BLUE VI
RED

13

máquina
clasificadora

Una máquina clasifica los crayones.

¿Cómo?

Se clasifican por color.

Uno de cada color cae.

Ellos van en cajas.

caja

96 CRAYON COLORS

Sharpener Included!

Van a las tiendas.

Nosotros compramos
una caja.

Dibujamos.
¡Qué divertido!

De derretir a dibujar

¿Cómo se convierte la cera en los crayones que usamos? ¡Echa un vistazo!

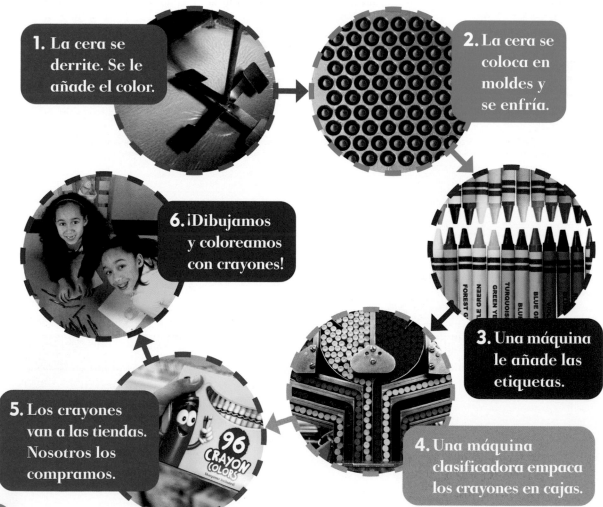

1. La cera se derrite. Se le añade el color.

2. La cera se coloca en moldes y se enfría.

3. Una máquina le añade las etiquetas.

4. Una máquina clasificadora empaca los crayones en cajas.

5. Los crayones van a las tiendas. Nosotros los compramos.

6. ¡Dibujamos y coloreamos con crayones!

Glosario de fotografías

cera
Un material suave usado
para hacer crayones, velas
y otras cosas.

etiquetas
Materiales que se colocan en
los artículos para describirlos.

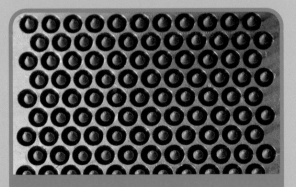

moldes
Formas huecas en donde
se les da forma a las cosas.

se derrite
Convertida de sólida a líquida
generalmente debido al calor.

Índice

Para aprender más

Aprender más es tan fácil como contar de 1 a 3.

FACT SURFER

❶ Visita www.factsurfer.com

❷ Escribe "delaceraalcrayón" en la caja de búsqueda.

❸ Elige tu libro para ver una lista de sitios web.